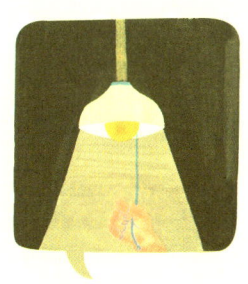

조금만 불편하면

지구가 안 아파요

**조금만 불편하면
지구가 안 아파요**

초판 1쇄 발행 2014년 11월 17일
초판 3쇄 발행 2021년 5월 3일

지은이 김경선
펴낸이 이지은
펴낸곳 팜파스
책임편집 박주혜
디자인 박진희
마케팅 김민경, 김서희
인쇄 케이피알커뮤니케이션

출판등록 2002년 12월 30일 제10-2536호
주소 서울특별시 마포구 어울마당로5길 18 팜파스빌딩 2층
대표전화 02-335-3681 **팩스** 02-335-3743
홈페이지 www.pampasbook.com | blog.naver.com/pampasbook
이메일 pampas@pampasbook.com

값 10,000원
ISBN 978-89-98537-70-8 (73810)

ⓒ 2014, 김경선

- 이 책의 일부 내용을 인용하거나 발췌하려면 반드시 저작권자의 동의를 얻어야 합니다.
- 잘못된 책은 구입하신 서점에서 교환해 드립니다.

이 도서의 국립중앙도서관 출판예정도서목록(CIP)은 서지정보유통지원시스템 홈페이지
(http://seoji.nl.go.kr)와 국가자료공동목록시스템(http://www.nl.go.kr/kolisnet)에서
이용하실 수 있습니다.(CIP제어번호: CIP2014030245)

조금만 불편하면 지구가 안 아파요

김경선 지음
김다정 그림

일상 속 작은 실천으로 환경을 지키는 방법을 알려 주는 **생활동화**

팜파스

어린이 친구들에게

아픈 지구를 고쳐 주세요!

　　　　　　　지구가 생겨난 지는 약 46억 년이 되었다고 해요. 46억 년 전 지구는 가스와 먼지가 뭉쳐진 작은 행성이었지요. 지금 크기의 5분의 1밖에 되지 않았어요. 그리고 지구에는 하루가 멀다 하고 화산 폭발이 일어났어요. 화산재와 화산 가스로 가득한 지구는 한 치 앞을 내다볼 수 없을 정도였지요. 지구 역사로 따지면 이때가 가장 공해가 심했던 때라고 할 수 있어요. 당연히 생명체가 산다는 것도 불가능했고요.

　　그러다가 지구에 엄청난 비가 내리기 시작했어요. 뜨거운 열기를 품은 지구에 어마어마한 구름이 만들어지고, 구름은 또 엄청난 비를 뿌렸지요. 화산 폭발 덕분에 말랑말랑한 용암 덩어리였던 지구는 비가 내리며 식기 시작했어요. 그리고 그 비가 모여 바다를 이루었지요. 생명은 이 바다에서 시작되었어요.

지구가 생겨나고 약 6억 년이 지난 약 40억 년 전 최초의 생명체가 생겨났지요. 이 생명체를 시작으로 지구에는 생명이 싹트기 시작했어요. 다양한 식물이 생겨나고, 동물이 생겨났지요. 그리고 우리 인간의 역사도 시작되었고요. 지구는 아주 오랜 시간 많은 노력 속에 현재의 아름다운 푸른 별이 되었어요.

그런데 지금 지구는 아파하고 있어요. 모두들 잘 알고 있듯이 심각한 환경오염으로 지구 환경이 변하고 있지요. 그리고 그 변화 속도는 아주 빨라서 더 위협적이에요. 동식물은 갑자기 삶의 터전을 잃어 멸종에 이르고, 이상 기후로 지구 환경은 예측할 수 없이 변해가고 있어요. 오랜 시간 동안 천천히 변해 온 지구 역사를 볼 때, 이것은 정말 큰 사건이지요.

그 사건의 중심에는 인간이 있어요. 우리가 만들어내는 쓰레기와 이산화탄소 등의 오염 물질들이 지구를 병들게 한 것이지요. 지구가 병들면 당연히 우리 인간도 살기 힘들어져요. 이산화탄소 때문에 기온이 올라가면 가뭄이 들어 농작물을 키우기 어려워지고, 그만큼 우리의 식량도 부족해지지요. 또 극지방의 빙

하가 녹아내려 해수면이 높아져서 우리가 살 땅도 줄어들고요. 자연환경이 바뀌니 동물도 살기 힘들어져 생태계도 급격하게 파괴된답니다.

그럼 우리는 다시 옛날 원시 시대로 돌아가야 하는 걸까요? 그건 불가능할 거예요. 다만 우리가 할 수 있는 일은 분명히 있지요. 지구 환경을 함께 고민하는 거예요. 환경 운동에 앞장서지 않아도 지구 환경을 고민하는 자세라면 지구는 달라질 수 있어요. 고민을 하다보면 어느새 자신이 할 수 있는 일을 하나씩 시작할 테고, 그게 바로 아픈 지구를 살리는 일이지요. 이 책의 주인공 민주가 지구 의사가 될 수 있었던 것도 그것이었답니다.

사람에게 탄생과 죽음이 있듯이 지구에도 탄생과 죽음은 분명히 있어요. 하지만 우리가 지구를 병들게 하고, 그 때문에 우주에서 지구가 사라지게 해서는 안 되겠지요. 전기 아끼기, 쓰레기 줄이기, 자전거 타기 등 무엇이든 좋으니 하나씩 실천해 보자고요. 여전히 어렵게 느껴진다면 이 책의 이야기를 따라가 보세요. 책 속 친구들이 여러분과 함께 고민해 줄 테니까요.

2014년 11월 김경선

목차

어린이 친구들에게

아픈 지구를 고쳐 주세요! ✦ 5

갑자기 왜 그래? ✦ 10

오해해서 미안해 ✦ 22

그런다고 뭐가 달라져? ✦ 32

봉구야, 미안해 ✦ 43

도도새는 바보가 아니야 * 52

새 것이라고 다 좋은 게 아니었어 * 63

할머니는 환경 운동가 * 72

당신은 100번째 주인공 * 81

우리 모두 최연소 지구 의사가 되어 보아요! * 91

갑자기 왜 그래?

조용하던 학교가 시끌벅적한 아이들 소리로 들썩였다. 오늘은 개학하는 날. 아이들은 다들 피부가 검어져서 웃을 때 보이는 이가 더 하얗게 빛났다. 열심히 조잘조잘 수다를 떠느라 정신이 없다.

"아이고, 한 달 동안 못한 이야기 하느라고 바쁘시군. 선생님도 좀 봐 주라."

교탁 앞에 선 선생님이 사정을 하듯 말하자 아이들은 그제야 선생님을 향해 돌아앉았다.

"여름 방학 동안 건강하게 잘 지냈나요?"

"네에!"

아이들이 교실이 떠나가라 대답하자, 선생님은 귀를 막으며 웃었다.

"아이고, 목소리 들어 보니 다들 건강한 게 분명하군. 그럼 내일부터는 2학기 정상 수업이 시작되니까 건강하게 공부할 준비 해야지?"

선생님 말이 끝나기도 전에 교실에서 '아이'하는 소리가 터져 나왔다.

"음, 선생님 서운해지려 그러네. 선생님이랑 같이 공부하는 거 싫어?"

"공부가 너무 싫어서 선생님 좋아하는 마음을 다 가렸네요."

개구쟁이 택서가 한 마디 했다. 아이들도 선생님도 웃고 말았다.

"얘들아, 우리 떡볶이 먹고 가자."

민주가 애리와 소희의 팔짱을 끼며 말했다. 방학 때도 문자를 주고받으며 수다를 떨곤 했지만, 오랜만에 뭉쳤는데 그냥 집으로 갈 수는 없었다. 셋이 모이면 떡볶이에 수다는 기본이다. 민주는 팔짱 낀 팔에 힘을 주고 친구들을 끌며 교문을 향해 뛰었다.

"히히, 사실 나도 학교 앞 떡볶이 먹고 싶었어."

셋은 우르르 교문을 나섰다. 학교 앞 분식집은 이미 아이들로 붐비고 있었다. 정신없이 바쁜 와중에도 분식집 아줌마는 민주와 아이들을 보고 반갑게 웃어 주었다. 민주와 소희, 애리는 단골 중에서도 으뜸 단골이기 때문이다.

"아이구~ 우리 애기들, 오랜만이야."

"하하, 안녕하세요?"

"오늘은 뭐 드시려고?"

"전 컵볶이요. 너흰?"

"나도!"

"전 회오리 감자 주세요."

아이들은 쪼르르 차례를 기다리며 서 있었다. 좁디 좁은 분식집이 목을 길게 뺀 아이들로 가득 찼다. 아줌마는 쉴 새 없이 종이컵에 떡볶이를 담아 주었다.

"역시 컵볶이가 제일 인기야."

"방학 때 집에 있는데 자꾸 생각이 나더라고. 엄마가 해 주는 떡볶이는 이 맛이 안 난다니까."

"그런데 저렇게 종이컵을 많이 쓰면 안 될 텐데."

민주는 애리의 뜬금없는 말에 웃음이 났다.

"하하, 너 뭐야? 떡볶이 얘기하다가 왜 갑자기 종이컵이야."

하지만 애리의 표정은 진지했다.

"진짜야, 종이컵 함부로 쓰면 안 된단 말이야."

애리의 말투는 단호했다. 어딘가 결의에 찬 것도 같아서 민주에겐 꼭 컵볶이를 파는 아줌마를 비난하는 것처럼 들렸다.

"애리야, 왜 그래? 아줌마 들으시겠다."

민주가 서둘러 애리의 말을 막았다. 하지만 애리는 멈추지 않고 꿋꿋하게 말했다.

"1초에 지구에서 책이나 공책으로 쓰이는 종이가 얼마나 되는지 알아? 자그마치 4톤이래. 우리가 평소에 얼마나 종이를 많이 쓰니? 거기에 이렇게 막 쓰는 종이컵까지 합하면 사람이 쓰는 종이는 어마어마할 거야. 그 많은 종이를 만들려면 엄청 많은 나무를 베어야 한다고."

애리의 장황한 설명이 이어졌고, 아니나 다를까 아줌마도 힐끗 애리를 쳐다보았다. 민주는 서둘러 애리를 끌고 분식집에서 나왔다.

"너 갑자기 왜 그래? 아줌마한테 미안하고 창피하게."

"창피한 건 종이컵을 마구 쓰는 우리지."

민주의 말에도 애리는 조금도 자신의 생각을 굽히지 않았다. 민주는 평소에도 제 생각을 꺾지 않는 애리 때문에 답답함을 느낄 때가 있었다. 하지만 개학 첫날부터 기분을 망치고 싶지는 않았다. 그래서 더는 말하지 않고 참았다. 그런데 애리의 돌출행동은 이뿐만이 아니었다.

"우리 문구점 구경하고 가자."

민주와 아이들에게 분식집과 문구점은 절대 그냥 지나칠 수 없는 곳이다. 더구나 문구점에는 정신을 쏙 빠지게 만드는 갖가지 물건들이 가득해서 보물창고나 다름없다. 민주는 조금 전 애리의 행동을 너그럽게 이해하고 다함께 룰루랄라 문구점으로 들어갔다.

"와, 이 머리끈 너무 예쁘다. 우리 이거 살까?"

"그래, 이거 같이 사서 우리의 우정 증표로 하자. 같은 머리끈으로 묶은 사총사!"

"좋아! 정아도 며칠 있으면 학교 온다고 했으니까 그때 주면 좋아하겠다."

소희가 민주의 말에 신이 나서 말했다. 민주와 애리, 그리고 소희와 정아는 단짝 친구다. 오늘은 정아가 영어 캠프를 가서 개학식에 나오지 못했지만, 넷은 늘 붙어 다니기로 유명했다. 그런데 애리가 이 분위기에 찬물을 부었다.

"음, 미안한데 난 안 살래."

애리의 말에 모두들 눈이 휘둥그레졌다.

"왜? 돈 없으면 내가 사 줄게."

"아니, 돈이 없어서가 아니라 난 그러고 싶지 않아."

민주가 사 주겠다고 나섰지만 애리는 단호하게 고개를 저었다.

"지금까지 산 머리끈도 너무 많아서 이제부터라도 사지 않으려고. 끊어지면 다시 이어서 쓸 수 있는 게 머리끈인데 내가 너무 낭비한 거 같아."

민주는 애리의 그 말이 무척 서운했다. 민주도 머리끈이 없어서가 아니라 우정을 나누기 위해 사자는 거였는데, 애리는 자기의 마음을 받아주지 않는 것 같았다. 그리고 분식집 사건부터 작은 일 하나하나 따지고 드는 것이 영 불편하고 싫었다.

"너 왜 자꾸 그러니?"

민주는 서운한 마음을 참지 못하고 말했다. 하지만 애리는 눈치가 없는 건지, 민주의 마음 따위는 상관이 없다는 건지 아무렇지 않은 표정이었다.

"뭐가? 이제부터라도 달라진다는 게 어때서?"

민주는 속이 부글부글 끓어올랐다. 눈치 빠른 소희가 열심히 둘을 번갈아 보다가 입을 열었다.

"애들아, 우리 빨리 집에 가자. 그러고 보니 내가 학원 가야하는 걸 깜빡했어."

소희는 양 손으로 민주와 애리의 등을 떠밀었다. 둘이 마주하고 서지 못하게 말이다.

"휴우!"

민주는 화를 참느라 한숨을 내뱉고는 먼저 휙 문구점을 나왔다. 셋은 더 이상 팔짱을 끼지 않았다. 그리고 쌩하니 각자 집으로 향했다.

다음날, 아침 등굣길에 민주는 앞서 걸어가는 애리를 발견했다. 하지만 어제 일 때문에 애리에게 아는 체를 하고 싶지 않았다. 민주는 애리를 못 본 듯이 땅만 보며 걸었다.

"민주야!"

자기를 부르는 소리에 고개를 들어보니, 애리가 앞에 서서 어서 오라고 손짓을 하고 있었다. 민주는 멋쩍게 웃으며 애리가 있는 곳으로 뛰어갔다. 애리는 어제 일은 벌써 잊은 듯이 반갑게 웃었다.

"아침부터 너무 더워. 그치?"

"응, 그러네."

민주는 애리의 말에 짧게 답했다. 하지만 애리는 민주의 마음을 전혀 눈치채지 못하고 팔짱을 꼈다. 그래도 민주는 화가 풀리지 않았다. 이렇게 별일 아닌 것처럼 여기는 애리가 오히려 못마땅했다.

'뭐야, 사람 짜증나게 만들어 놓고 자기는 아무렇지도 않잖아. 애리는 늘 이렇게 나만 쪼잔한 애로 만든다니까.'

교실은 역시 아이들 소리로 가득했다. 남자아이들은 뒤에서 딱지놀이 판을 벌였고, 여자아이들은 연예인 얘기에서부터 방학 때 봤던 영화 얘기 등 다양한 주제로 수다를 떨었다. 그리고 서로 소리를 지르며 도망가고 또 쫓아다니느라 교실을 휘젓고 다니는 애들도 있었다.

"자, 자리에 앉자."

그때 교실에 들어온 선생님이 칠판을 쾅쾅 두드리며 소리쳤다. 이제 곧 수업 시간이었다.

"선생님, 너무 더워요!"

"에어컨 틀었는데."

"그래도 더워요. 온도 더 낮춰 주세요."

아이들은 얼굴에 송글송글 땀까지 맺혀서 소리쳤다. 그렇게 뛰었으니 더울 만도 했다. 이때 애리가 손을 번쩍 들며 말했다.

"안 돼요!"

"뭐?"

애리의 단호한 말에 선생님이 놀라 쳐다봤다.

"온도를 낮추면 안 돼요. 더운 건 부채질 하면 괜찮아져요."

애리의 말에 아이들 사이에서 야유가 터져 나왔다.

"아, 뭐래! 네가 뭔데 그런 말 하는 거야!"

"나 더워 죽으면 책임질래?"

그런 아이들을 향해 애리는 지지 않고 다시 말했다.

"에어컨을 트는 게 지구에 어떤 영향을 주는지 한번 생각해 봐. 에어컨을 빵빵하게 켜면 전기를 얼마나 많이 쓰겠어? 에너지를 함부로 쓰면 지구 환경은 다 망가진다고. 또 에어컨에 쓰이는 프레온 가스는 오존층을 파괴해. 오존층이 파괴되면 우리도 살기 힘들어져."

애리가 얼마나 야무지게 말하는지 아이들은 순간 멍해졌다. 하지만 곧 조금 전보다 더한 야유를 퍼부었다.

"아이고, 환경 박사 나셨네."

"잘난 척 좀 그만해. 그렇게 위험하면 넌 에어컨 없는 곳으로 가라고."

그때 아이들을 진정시킨 것은 선생님이었다.

"잠깐, 얘들아. 애리의 말은 우리가 새겨들어야 해. 정말로 전기 사용을 함부로 하면 환경에 무척 안 좋은 영향을 준단다. 우리가 사용하는 전기는 어디에서 만들지?"

"발전소요."

"그래, 화력 발전소나 원자력 발전소 또는 수력 발전소 같은 여러 발전소에서 전기를 만들어. 그런데 원자력 발전소는 방사능의 위험이 있고, 화력 발전소는 화석 연료를 태워서 전기를 만드는 거라 이산화탄소가 많이 배출되지. 방사능과 이산화탄소가 환경을 오염시킨다는 이야기는 들어봤을 거야. 그치?"

"네."

아이들은 선생님의 설명에 조금 진정이 되었는지 차분하게 대답을 했다.

"그리고 애리가 말했던 오존 파괴 말이야. 에어컨이나 냉장고의 냉매, 스프레이에는 프레온 가스가 사용되는데 이것이 오존층을 파괴시키는 물질이란다. 오존층은 공기층 위에 있어서 지구로 들어오는 태양빛의 자외선을 막아주고 있지. 그런데 오존층이 파괴되어 버리면 그대로 자외선이 지구를 비춰서 인간과 동식물에 치명적인 영향을 준단다. 사람은 피부암에 걸릴 수 있고, 동식물도 제대로 자라지 못하지."

"헉! 진짜요?"

아이들은 이제야 오존층 파괴가 무엇인지 알 것 같았다.

"그러니 에어컨 온도는 낮추지 않는 것으로 하자."

단호한 선생님의 말에 아이들은 하는 수 없이 꾹 참고 연신 손부채질을 했다. 하지만 자꾸 흘러내리는 땀 때문에 찝찝한 건 어쩔 수 없었다.

"야, 왜 그렇게 휴지를 많이 써!"

화장실에 가려고 교실 뒤에 걸린 두루마리 휴지를 돌돌 말던 택서를 보며 애리가 소리쳤다.

"뭐야! 네가 소리 질러서 나오려던 똥이 쏙 들어가잖아."

"적당히 써. 그렇게 많이 필요하지도 않잖아."

"잔소리 그만 해라. 네 잔소리 때문에 여기에서 싸면 이것보다 훨씬 더 많이 써야 되거든?"

택서는 휴지를 움켜쥐고 어기적대며 교실 밖으로 나갔다. 아이들은 택서의 말에 깔깔 거렸다. 그리고 민주는 애리를 보며 고개를 저었다.

"애리는 정말 피곤해. 잔소리가 점점 심해지잖아?"

오해해서 미안해

주말 오후, 민주는 친구들을 만나기 위해 햄버거 집으로 향했다.

"민주야, 여기."

먼저 온 정아가 창가의 좋은 자리를 맡아두고 있었다.

"너 정말 많이 탔다."

방학 동안 필리핀으로 영어 캠프를 다녀온 정아는 흑인보다 조금 하얗다고 할 정도로 까맣게 탔다. 곧이어 소희도 후다닥 햄버거 가게로 들어왔다.

"와, 정아야!"

소희는 정아를 보더니 호들갑스럽게 소리를 지르며 목을 꽉 끌어안았다.

"우리 정말 오랜만에 모두 모였다."

"하하, 그러네. 그런데 아직 애리가 안 왔잖아."

정아가 애리 얘기를 꺼내자 민주와 소희는 갑자기 웃음을 뚝 그쳤다. 눈치 빠른 정아는 아주 잠시 고민하더니 곧바로 추궁했다.

"뭐야, 왜 그래? 너희 싸웠어?"

"싸우긴."

"근데 표정이 왜 그래?"

"사실 요즘 애리랑 좀 별로야."

"진짜? 그래서 오늘 애리 안 부른 거야?"

깜짝 놀란 정아가 민주와 소희의 얼굴을 살피며 물었다.

"안 부르긴. 우리가 그 정도로 의리가 없는 건 아니다, 뭐."

민주가 억울해하며 말했다.

"요즘 애리가 좀 변했어. 예전 애리가 아니야."

"맞아, 맞아. 실은 오늘도 애리가 햄버거는 안 먹겠다고 우리끼리 만나라는 거야. 정아 넌 월요일 학교에서 보겠다고."

"엥? 햄버거를 먹지 않겠다니 그게 무슨 말이야?"

정아는 어리둥절해서 아이들을 바라봤다.

"걔 요즘 이상하다고 했잖아. 날마다 1초에 어쩌구 하면서. 뭔 책을 보는 건지."

"뭐라는 줄 알아? 글쎄 애리 말이 1초에 전 세계 사람들이 소고기를 세 마리씩 먹는데, 그게 하루면 26만 마리래. 그렇게 고기를 많이 먹으면 환경이 나빠진대."

"맞아, 소가 뀌는 방귀 때문에 지구가 계속 뜨거워진다나? 무슨 말도 안 되는 소리인지 모르겠어. 아무튼 갑자기 너무 까다로워졌어. 피곤하게 따지고 들고."

민주는 그동안 애리에게 쌓인 답답함을 쏟아내는 건지 목소리까지 커졌다.

"하하, 우리 엄마가 애리가 방학 동안에 환경 캠프를 다녀와서 달라졌다고 하더니 그건가 보다."

애리와 같은 동네에 사는 정아는 미리 이야기를 들었는지 민주의 이야기에 웃음을 터트렸다.

"야, 넌 얘기만 들어서 웃는 거야. 매일 옆에서 당해 봐. 정말 피곤해."

"애리가 원래 관심 가는 부분이 있으면 자세히 파고드는 성격이잖아. 친구가 그 정도는 이해해 줘야지."

정아는 민주와 소희를 다독였다. 하지만 민주와 소희는 여전히 직접 당해 봐야 알거란 말만 되풀이했다.

　　세 아이들의 수다는 햄버거 집에서도 쉬지 않고 이어졌다. 그리고 곧이어 문구점 쇼핑을 위해 햄버거 집을 나섰다. 항상 가던 학교 앞 문구점이 아닌 시장 근처 문구점을 새롭게 가 보기로 했다. 뭔가 새롭고 예쁜 물건이 있는지 구석구석 살펴 볼 생각에 모두들 잔뜩 들떴다.

"어, 오늘 시장 쉬나 봐."
"그러게. 그런데 사람들은 꽤 있네?"
"저기 봐. 아나바다 장터래."
시장 입구에는 작게 '아나바다 열리는 날'이란 안내판이 있었다.
"오호, 이건 문구점 가는 것 보다 더 재미있겠는데?"
민주가 신이 나서 앞장을 섰다. 그런데 그때였다.
"얘들아!"
시장 한구석에서 툭 튀어나온 사람은 다름 아닌 애리였다.
"너 여기 어쩐 일이야?"
"너희야말로. 헤헤."
애리는 친구들을 보고 반갑게 웃었다. 너무 반갑게 굴어서 민주는 조금 전 애리에 대해 투덜거렸던 것이 미안해질 정도였다.

"나, 오늘 여기서 장사해."

애리는 한쪽에 있는 좌판을 손으로 가리켰다.

"니가 장사를 한다고?"

학교에서 엄마들이 아나바다 장터를 여는 건 본 적이 있지만 아이들인 우리가 장사를 한다니!

"우리도 장사할 수 있는 거야?"

"그럼, 여긴 아무나 할 수 있어."

신이 난 애리의 손에 이끌려 아이들은 좌판으로 갔다. 좌판에는 애리가 어릴 적에 썼던 물건인건지, 아기 장난감과 옷가지들이 있었다. 그리고 한쪽에는 가지런히 책도 놓여있었다.

쇼핑 본능이 발동한 민주는 그 물건들을 하나하나 살펴보았다. 그때 한 아주머니가 아기와 함께 좌판으로 다가왔다.

"어머, 이거 너무 귀엽다."

아주머니는 아기 모자 하나를 집어 들었다. 그리고 아기에게 씌워 보려했다. 하지만 아기는 모자 쓰기가 귀찮은지 엄마의 손을 가로막았다.

"한번 써 봐. 너한테 완전 잘 어울리겠다!"

보고 있던 민주가 아주머니를 거들어 한 마디 했다. 그 모습에 소희도 얼마나 귀여운지 보자며 장단을 맞춰줬다. 싫다던 아기는 순순히 모자를 써 보았다.

"아이쿠, 누나들 말대로 잘 어울리네."

아주머니는 아기에게 모자를 씌워 보고는 아주 흡족해했다.

"아주 싸게 드릴 테니까 사 가세요. 제가 어릴 때 썼던 건데 집에서 깨끗이 빨아 와서 더러울까봐 걱정 안하셔도 되요. 게다가

새 물건에서 나오는 화학 성분도 다 없어져서 아기한테 더 좋을 거예요."

애리가 주인다운 능숙함으로 물건을 권했다.

"어머, 정말 그렇겠네. 이 모자는 내가 사 갈게요."

이후에도 손님은 계속 왔다. 민주와 친구들은 손님들에게 사용법 등 좋은 점을 설명하며 재미나게 장사를 했다.

"야, 장사 재미있다."

"그러게, 너희랑 같이 하니까 장사도 더 잘되는 거 같아."

"그래? 애리 너 변했다는 소문이 있던데 장사꾼으로 변했던 거구나."

정아가 민주와 소희를 힐끗 보고 씨익 웃으며 말했다.

"엥? 내가 변했다고?"

애리가 어리둥절한 표정으로 아이들을 봤다. 민주와 소희는 애리를 흉봤던 게 미안해서 얼굴이 화끈 달아올랐다. 그 모습을 보고는 애리가 소희와 민주의 팔짱을 끼며 말했다.

"흠, 너희 내가 잔소리해서 삐졌었구나?"

"응? 아, 아니, 뭐."

"그런데 말야. 지금 이 순간, 눈 깜빡하는 사이에 지구에 어떤 일이 벌어지는지 알아? 엄청나게 많은 숲이 사라진다고. 그러니까 너네도 좀 알아줘."

"아이고, 또 시작이냐?"

민주와 소희가 합창을 하듯 한 목소리로 말했다.

"민주랑 소희가 말한 게 이거였구나? 하하하."

엄마 잔소리 같은 애리의 말에 얼굴을 잔뜩 찡그린 민주와 소희를 보며 정아가 깔깔거리며 웃었다. 그 모습에 애리도 웃음을 터트렸고, 결국 민주와 소희도 입술을 씰룩이다 히죽 웃기 시작했다. 시장 한 귀퉁이가 웃음소리로 가득 찼다.

민주와 아이들은 애리가 좌판을 정리하는 일까지 함께 했다. 애리네 아나바다는 꽤 성공적이었다.

"애리야, 너 돈 많이 벌었겠다!"

"나 아나바다 시작한지 얼마 안 됐어. 아나바다로 번 돈은 환경단체에 기부하려고 해. 또 너희들 뭐라고 하겠지? 히히."

"역시! 기부한다고?"

"말이 좀 거창한데. 뭐, 적은 돈도 기부는 기부지."

"우와!"

정아가 입을 딱 벌리고 애리를 향해 엄지손가락을 세워 보였다. 애리는 멋쩍게 웃었다.

"별거 아냐. 가자, 내가 아이스크림 쏠게."

"와아, 좋아!"

민주는 다시 애리의 팔에 팔짱을 꼈다. 잠시였지만 애리가 변했다며 투덜거렸던 것이 미안해서 더 꼭 꼈다.

"얘들아, 얘들아. 나 어떠니?"

소희가 아침부터 얼굴을 바짝 들이밀고는 호들갑을 떨었다.

"너, 아침에 김치찌개 먹었어?"

정아가 코를 움켜쥐며 말했다.

"나, 이 닦았는데."

소희가 깜짝 놀라 입을 가리며 창피해했다. 그러자 정아는 낄낄대며 웃었다.

"하하, 장난한 건데."

"뭐야? 너."

소희가 빨개진 얼굴로 정아를 어깨를 투닥투닥 때렸다.

"근데 뭐가 어떠냐는 거야?"

정아는 소희를 진정시키고 다시 물었다.

"나, 천연 비누로 세수하고 왔거든. 좀 달라 보이지 않니?"

"아, 그래서 그런지 더 예뻐졌네."

가만히 듣고 있던 애리가 나서서 칭찬을 했다.

"천연 비누 쓴다고 얼굴이 달라지겠냐. 말도 안 돼."

민주는 말도 안 된다는 듯 고개를 저었다.

"그런데 갑자기 왠 천연 비누야?"

"아나바다 장터 갔다 와서 나도 친환경적으로 사는 방법이 뭘까 생각했더니, 전에 선물 받은 천연비누 생각이 나더라고. 사촌 언니가 만들었다며 줬거든. 그때는 언니가 만들었다니까 왠지 믿음도 안가고 했는데 그게 아니었어. 천연 재료로 만들었으니 피부에 완전 좋은 거잖아."

"소희 너 대단하다!"

정아가 이번에는 소희를 향해 엄지손가락을 들어보였다.

소희의 말을 듣고 보니 민주도 고개가 끄덕여졌다. 사실 애리의 아나바다 활동을 보고 민주도 많은 생각이 들었다. 아나바다 장터에서 애리는 물자를 아끼는 것만으로도 환경을 보호하는 거라고 말했다. 물건을 아껴 쓰면 한정된 자원을 아낄 수 있고, 쓰레기도 줄일 수 있어서 환경에 좋다고. 그동안 애리가 왜 그런 잔소리를 하고, 행동을 했는지 이해할 수 있었다. 그리고 민주는 환경을 위한 일이 어쩌면 그렇게 어려운 게 아닐 거라는 생각도 했다. 그래서 슬며시 동참해 보고 싶어졌다. 하지만 뭘, 어떻게 시작해야할지 망설이고 있던 참이었는데 이번에 용기를 내 보기로 했다.

"얘들아, 우리도 하나씩 해 볼까?"

"오, 너 정말이야?"

애리가 감격 받은 듯 민주를 와락 껴안았다.

"뭐야, 왜에?"

"나, 진작부터 너희도 함께 하자고 말하고 싶었는데, 너희가 나 변했다고 불편해해서 말 못했거든. 그런데 민주 네가 이렇게 말해 주니까 너무 좋아."

애리가 좋아하자 민주는 벌써 자기가 대단한 일을 한 듯이 기분이 좋았다. 그리고 친구들과 함께하면 쉽게 할 수 있을 거란 생각에 더욱 용기가 났다.

"어떻게 하면 되는 거지?"

이번에는 정아가 물었다.

"간단해. 소희처럼 생각하고 해 봐."

"소희처럼?"

민주와 정아가 동시에 소희를 쳐다보자 소희가 움찔했다.

"나? 난 그냥 친환경적이라고 들었던 거 했어. 마침 나한테 천연 비누가 있기도 했고."

"그래, 바로 그거야! 일단 자기가 할 수 있는 쉬운 것부터 하면 돼. 어렵고 힘들면 절대 못해. 쉬운 것부터 하나씩 시작하면 돼."

민주는 친환경적인 것 중에 내가 할 수 있는 일이 뭐가 있을지 머리를 굴렸다.

"아! 전에 아파트에서 10분 동안 불 끄기 행사를 하던데. 나 사용하지 않는 전등불 끄기는 할 수 있어."

"그래? 그럼, 난 수돗물 잠그기 할게."

민주에 이어 정아까지 일단 생각나는 것을 줄줄이 이야기했다. 그러면서도 과연 그런게 얼마나 효과가 있을까 하는 마음에 쭈뼛거렸다.

그런 아이들을 애리는 무척이나 재미있다는 듯이 바라보며 히죽 웃었다.

"엄마, 주방에서 일하는 거에요?"

"아니, 다했어. 왜?"

"주방 불 끄게요."

"아빠, 화장실 들어가려고 불 켜놓은 거면."

"아이쿠, 아빠가 깜빡했네."

"제가 끌게요."

"문석아, 너 만화 안보면 그만 텔레비전 끄자."

"아냐, 끄지 마. 볼 거야."

"뭐야, 레고 가지고 놀면서 왜 텔레비전을 켜 놔?"

"싫어. 그래도 끄지 마."

저녁 시간이면 민주는 감시자가 되었다. 가족들을 여기저기 쫓아다니며 잔소리를 해 댔다. 하지만 이렇게 해야 환경을 보호할 수 있다고 외치는 민주 앞에서 가족들은 찍 소리도 내지 못했다. 다섯 살 동생 문석이만 빼고.

"어머, 내가 또 베란다 불을 켜 놓았네."

엄마는 민주가 베란다 쪽으로 가자 얼른 자신의 실수를 이야기했다.

"아빠, 컴퓨터."

"응, 아빠 조금 더 쓸 일이 있어. 빨리하고 끌게."

하지만 문석이는 민주가 텔레비전 쪽으로 다가가면,

"끄지 마!"

라고 먼저 소리부터 쳤다. 아직 어린 문석이에겐 환경보다는 텔레비전이 더 소중하니까. 환경 문제에 대해서는 누구나 알고는 있었기 때문에 문석이를 빼고는 장황하게 설명하지 않아도 동참해 주었다. 그래서 민주의 전기를 아끼는 전등불 끄기는 순조롭게 진행됐다.

"어때? 잘되고 있어?"

애리가 물었다.

"그럼, 뭐 별로 어렵지도 않던 걸."

정아가 자신 있게 답했다.

"맞아, 난 재미까지 있어. 엄마한테 듣던 잔소리를 내가 하니까 어딘지 통쾌하기도 하고, 히히."

"너도 그래? 나도. 엄마한테 수돗물 아껴 쓰라고 하면 꼼짝도 못하고 내 말 듣는다니까."

민주와 정아는 전기와 수돗물 감시자 놀이에 흠뻑 빠진 모습이었다.

"난 이번엔 친환경 화장품으로 외모를 가꾸고 있어. 날마다 예뻐지는 게 느껴져. 후후."

소희는 한껏 턱을 치켜들고 자랑하듯 얼굴을 두드렸다.

"넌 치와와를 닮았으니까 얼굴 자체가 자연과 가깝다고 할 수 있지. 그러니 친환경적일 수밖에."

"뭐?"

민주는 소희를 놀리고는 한 대 맞을 거 같아서 재빨리 일어나 도망쳤다.

"야, 너 거기 안서? 강아지들이 얼마나 빨리 달리는지 알지?"

"푸하하, 네가 치와와 닮은 거 인정하긴 하는구나."

"뭐라고? 우씨, 민주, 너!"

환경 감시자 놀이는 나름 재미있는 것 같았다. 감시자에, 잔소리꾼까지 빙의해서 재미를 느낀 아이들은 열심히 전깃불을 끄고, 수돗물을 아끼고, 또 친환경 비누를 사용했다. 하지만 민주를 비롯한 아이들의 환경 활동은 고작 일주일을 넘기면서부터 시들시들해지는 조짐이 보였다.

"민주야, 네 방에 불 꺼야지?"

거실에 나와 텔레비전을 보는 민주를 보고 엄마가 말했다.

"문석아, 저 불 좀 끄고 와."

"싫어, 누나가 해."

"에이, 몰라."

민주는 귀찮아서 그냥 돌아앉아 버렸다.

"뭐야, 벌써 불 끄기 포기한 거야?"

"몰라. 전에 아빠가 전등은 전기 많이 안 든다고 했어. 그냥 둬도 괜찮을 거야."

"아이고!"

엄마가 한심하다는 표정으로 민주를 쳐다봤다. 그리고 잠시 후, 문석이가 슬그머니 일어나더니 민주 방에 켜진 전등을 끄고 와서 앉았다. 민주가 난리를 칠 때는 시큰둥하더니, 그래도 뭔가 느낀 모양인지 문석이는 쓸데없이 불이 켜져 있는 걸 보면 어김없이 불을 끄기 시작했다. 민주는 눈치 채지 못했지만.

"어머, 민주야. 고마워."

엄마가 고지서를 손에 들고 웃으며 말했다.

"뭐가 고마운데, 엄마?"

옆에 있던 문석이가 먼저 물으며 엄마 옆에 바싹 붙어 섰다.

"응, 누나 덕분에 이번 달 전기세가 줄었어."

"엄마, 정말?"

민주는 엄마가 들고 있던 고지서를 받아서 펼쳐보았다.

"엄마, 얼마나 줄어든 거야?"

"몇 천 원은 덜 나온 거 같아."

"우와, 진짜? 신기하다! 전등불만 잘 꺼도 정말 전기를 아낄 수 있는 거네."

"그러게 말이야. 네 친구 애리가 말한 것처럼 환경에도 분명 좋은 영향을 미쳤을 거야."

엄마는 이런 변화가 신기한 듯이 말했다. 민주도 신기하긴 마찬가지였다. 애리가 환경이 어쩌고 말할 때는 그저 막연한 일이라고 생각했는데, 이런 결과를 받아보니 뭐가 있긴 있나 보다.

"엄마, 우리 그 돈으로 아이스크림 먹자."

엄마와 누나가 즐거워하자 덩달아 기분이 좋아진 문석이는 아이스크림을 사 달라고 졸랐다. 민주는 기분 좋게 아이스크림을 먹으며 또 다른 방법은 뭐가 있을까, 궁금해지기 시작했다.

봉구야, 미안해

　　　　　전등불 끄기의 효과를 맛봤지만, 역시 며칠 지나지 않아 민주의 친환경 생활은 마음속에서 금방 잊혀졌다. 그날도 민주는 문구점 앞을 그냥 지나치지 못했다.

"소희야, 우리 여기 구경하고 가자."

"그래."

민주와 소희는 문구점으로 들어가자마자 예쁜 것, 새로운 것이 없는지 매의 눈으로 살폈다.

"민주야, 이것 좀 봐."

소희가 지우개 하나를 가리켰다.

"와, 무한도전 지우개네."

민주는 토요일 저녁만 되면 텔레비전 앞에 달싹 붙어 앉았다. 일주일 내내 무한도전이 하기만을 눈 빠지게 기다렸기 때문이다. 민주는 신이 나서 무한도전 캐릭터 지우개를 요리조리 살펴보았다. 따옴표 모양의 지우개가 너무 귀여웠다. 물자를 아끼라고 잔소리를 하는 애리의 얼굴이 잠시 떠오르기는 했지만, 무한도전의 팬으로서 민주는 그 지우개가 꼭 가지고 싶었다.

'흥, 이거 하나 산다고 지구가 어떻게 되기야 하겠어. 사자.'

민주는 망설임을 털어 버리고 지우개를 샀다.

집에 돌아오자마자 민주는 지우개의 포장을 뜯었다. 지우개를 감싼 비닐을 뜯어 아무데나 버리고 학원 가방에 든 필통을 열었다. 당장 오늘부터 무한도전 지우개를 사용할 생각이었다. 며칠 전에 새로 넣었던 지우개를 꺼내서 서랍 속에 던져두고 새 지우개로 필통을 채웠다. 그러고 보니 서랍 속에는 이렇게 얼마 쓰지 않고 넣어 둔 지우개며 연필, 샤프, 자 등이 복잡하게 널려있었다. 민주는 서랍 가득한 문구들이 눈에 들어와 순간 맘이 편치 않았지만, 이내 서랍을 쏙 닫아 버리고 그 마음도 함께 가둬 버렸다. 그리고 무한도전 지우개로 공부하면 공부가 잘 될 것 같은 기분에 들떴다.

"이 지우개라면 수학 문제 푸는 것도 지겹지 않을 거야. 분명히 문제가 술술 풀리겠지. 히히."

그런데 이런 좋은 기분은 오래가지 못했다.

"켁켁, 씨이익, 씨이익."

민주가 애지중지하는 강아지 봉구가 책상 밑에서 가쁜 숨을 몰아쉬며 괴로워하고 있었다.

"봉구야, 왜 그래?"

민주는 봉구를 얼른 끌어안았다. 조금 전까지 민주를 보고 반가워서 정신없이 꼬리를 흔들던 봉구는 어쩐 일인지 당장 숨이 멎을 듯이 괴로워하고 있었다. 그리고 봉구의 옆에는 조금 전 민주가 뜯어서 버린 지우개 포장 비닐 조각 하나가 떨어져 있었다. 나머지 비닐 조각을 봉구가 삼킨 것이다.

"어, 어떡해. 엄마, 엄마!"

민주는 어찌할 바를 모르고 다급하게 엄마를 불렀다. 너무 놀라 정신이 없어 민주는 엄마가 오늘 문석이네 유치원에서 가는 소풍에 따라가서 늦게야 오신다는 사실을 잊어 버렸다. 민주는 발을 동동 구르며 봉구를 꽉 끌어안고 다시 한번 엄마를 목청껏 불렀다.

"으헝, 엄마!"

봉구의 신음소리가 점점 더 커졌다.

"컥, 컥!"

봉구의 숨은 금방이라도 끊어질 듯이 힘겹게 이어졌다. 그때 마침 전화벨이 울렸다.

민주는 엄마일지 모른다는 생각에 서둘러 전화를 받았다.

"어, 엄마? 엄마야?"

"민주니? 나 애리야."

"애리야, 나 어, 어떡해. 흐엉."

민주는 전화기에서 애리의 목소리가 들려오자 금방이라도 울 것 같은 목소리가 되었다.

"민주야, 왜 그래? 무슨 일이야?"

"봉구가, 우리 보, 봉구가 수, 숨을 못 쉬어……."

정신이 없는 민주는 무슨 말을 하고 있는지도 모르고 마구 내뱉었다.

"민주야, 그러고 있지 말고 봉구 안고 바로 길 건너 동물 병원으로 가. 나도 그리로 갈게. 응?"

"동, 동물 병원? 아, 알았어."

민주는 후들후들 떨리는 다리로 봉구를 안고 동물 병원까지 간신히 뛰어갔다.

"봉구야, 조금만 참아. 으헝헝. 죽으면 안 돼."

민주는 뒤에서 누가 쫓아오기라도 하는 듯 허겁지겁 달리며 동시에 바들바들 떠는 봉구를 꼬옥 끌어안았다.

"흑흑흑. 훌쩍."

"민주야, 울지 마."

연신 눈물을 흘리는 민주 옆에서 애리는 민주를 달래 주었다. 하지만 민주의 눈물은 쉽게 그치지 않았다.

"우리 봉구, 봉구 어떡해. 엉엉."

봉구의 이름을 부르다가 민주는 점점 감정이 격해졌는지 아예 통곡을 하기 시작했다. 봉구는 동생 문석이보다 더 일찍 민주네 가족이 된 존재다. 유치원에 다녀와서 봉구랑 놀았고, 주말마다 공원에서 봉구와 달리기 시합을 했었다.

"나 때문이야. 봉구가 나 때문에."

그때 수의사 선생님이 치료실에서 나왔다.

"민주야, 선생님 나오셨다."

수의사 선생님을 보고 애리가 말했다. 그 소리에 민주는 손바닥으로 눈물을 닦으며 고개를 들었다. 수의사 선생님의 말 한마

디에 인생이 달린 듯한 표정이었다.

"아이고, 눈물범벅이 되셨네."

민주의 얼굴을 보고 수의사 선생님은 안쓰러운 표정을 지었다. 민주는 양 손바닥으로 얼굴을 문지르며 눈물을 닦았다. 그리고 다급하게 물었다.

"우리 봉구는요?"

"괜찮아졌어. 걱정하지 않아도 돼."

그 순간 민주의 얼굴은 다시 씰룩이기 시작했다.

"저, 정말요?"

입도 씰룩, 콧구멍도 벌렁벌렁. 그러더니 '으앙'하고 다시 울음이 터져 버렸다. 봉구가 살았다는 소식에 안심이 되자 눈물이 다시 줄줄 흘렀다. 얼마나 걱정을 하고 두려워했던지 봉구가 안전하다는 말에 눈물을 참을 수가 없었다.

"민주야, 진정해."

애리가 민주를 다시 달랬다. 수의사 선생님은 그 모습이 귀여워 그저 웃을 뿐이었다.

위험한 순간은 넘겼지만 한 동안 고통을 겪은 봉구는 힘없이 병원 침대에 누워있었다. 민주가 다가가 털을 쓰다듬자 꼬리를 살랑 흔들어 주었다. 기운이 없는지 평소처럼 빠르게 흔들지는 않았지만 민주를 반기는 것은 분명했다.

"봉구야, 미안해. 나 때문에."

봉구를 보자 다시 눈물이 맺힌 민주를 수의사 선생님이 괜찮다는 듯 등을 토닥여 주었다.

"이런 사고는 간간이 일어난단다. 사람들이 무심코 버린 비닐을 강아지나 동물들이 먹게 되면 숨통을 막아서 위험해질 수 있지. 하지만 넌 빨리 병원에 데려와서 봉구를 살린 거야."

"그, 그래도 저 때문에 봉구가······."

"으이그, 이제 그만 슬퍼하고 앞으로 어떻게 하면 동물과 우리가 함께 잘 살 수 있을지 고민해 보렴. 선생님은 그게 더 좋은 방법인 거 같아."

"네, 알겠어요. 선생님."

"오늘은 봉구 상태를 좀 지켜봐야하니까 일단 병원에 두고 내일 오후에 데리러 오렴."

"지금 데려갈 수 없는 거예요?"

"선생님이 봉구 더 건강해지게 돌보려고 그러는 거야. 걱정 말고 맡겨둬."

수의사 선생님은 민주가 안심할 수 있도록 짐짓 듬직한 표정을 짓고 말했다. 그 모습에 민주는 고개를 끄덕였다.

"예, 선생님. 봉구야, 내일 만나. 학교 끝나고 바로 데리러 올게. 정말 미안해."

민주는 봉구를 몇 번이나 쓰다듬어 주고는, 떨어지지 않는 무거운 발걸음으로 병원을 나섰다.

얼마나 놀랐는지 집에 돌아온 민주는 힘이 하나도 없었다. 벌써 학원 수업이 시작될 시간이었지만 민주는 서둘러 학원에 갈 생각을 하지 못했다. 민주는 책상 앞에 털썩 앉았다. 책상 위에는 필통이 놓여있었다. 민주는 필통을 열어 조금 전 넣었던 지우개를 꺼내들었다.

"에휴, 이게 뭐라고 봉구가 큰일 날 뻔 했잖아."

민주는 그 지우개가 이제는 귀엽지도, 예쁘지도 않았다. 민주는 지우개를 보며 잠시 생각에 잠겼다.

'내게 정말 소중한 게 뭘까?'

도도새는 바보가 아니야

"민주야, 우리 수업 끝나고 운동장에서 좀 놀다 가자."

소희와 정아가 다가와 말했다.

"나 학교 끝나고 동물 병원 가야해."

"아, 맞다. 너희 봉구 어제 큰일 날 뻔 했다고 했지?"

애리한테 이야기를 들었는지 소희와 정아도 봉구 이야기를 알고 있었다.

"봉구 보러 우리도 같이 가자."

정아가 민주를 위로하려는 듯 나섰다.

"좋지. 나도 봉구 보고 싶었어. 민주야, 우리 모두 같이 가자."

소희가 맞장구를 쳤다. 그때 애리가 뒤에서 끼어들었다.

"봉구 생명의 은인인 내가 빠질 수 없지, 히히."

민주는 친구들이 함께 가겠다고 나서자 한결 기운이 났다. 친구들과 함께 가니 왠지 봉구도 벌떡 일어날 것 같았다.

"안녕하세요."

네 소녀는 밝은 목소리로 인사를 하며 동물 병원에 들어갔다. 민주는 제일 먼저 뛰어 들어가 봉구를 찾아 여기저기 고개를 돌렸다.

"선생님, 봉구 데리러 왔어요."

"학교에서 바로 온 모양이구나."

아이들의 가방을 보고 수의사 선생님이 말했다. 선생님은 친절하게도 자리를 내어주며 학교 마치고 온 아이들에게 간식을 챙겨주는 엄마처럼 마실 거리와 군것질 거리를 꺼내왔다.

"학교에서 공부 열심히 하고 와서 출출할 테니 이것 좀 먹으렴. 모두 내 조카처럼 귀여워서 주는 거야."

"우와, 감사합니다! 선생님은 동물만 좋아하는 게 아니라 아이들도 좋아하시나 봐요. 언제나 친절하게 대해 주시고."

정아가 감사의 말을 했다.

"그런가? 내가 평화주의자라서 생명이 있는 모든 것을 소중하게 여기지. 하하."

수의사 선생님의 거창한 대답에 아이들 모두 깔깔대고 웃었다.

"멍멍!"

아이들의 귀에 강아지가 활기차게 짖는 소리가 들렸다. 봉구였다. 간호사 선생님 품에 안긴 봉구는 민주를 보고는 반가움에 몸부림을 쳤다. 그리고 자기 여기 있다며 짖어댔다.

"봉구야!"

민주도 한달음에 봉구에게로 갔다. 민주 품에 안긴 봉구는 혀를 내밀어 민주의 볼을 핥았다.

"봉구야, 이제 아프지 않은 거지?"

민주의 물음에 봉구는 힘차게 꼬리를 흔들었다.

"봉구야, 정말 미안해."

민주는 진심으로 봉구에게 사과했다. 소희, 정아, 애리도 그 옆에 서서 봉구의 털을 쓰다듬어 주었다.

"걱정 많이 했지? 봉구는 이제 걱정하지 않아도 돼."

"선생님, 고맙습니다."

민주가 고개를 깊숙이 숙여 인사를 했다.

"고맙긴, 당연히 내가 해야 할 일인데. 평소 봉구가 건강해서 잘 회복이 되었어."

"그래도, 정말 고맙습니다."

민주는 봉구를 꼬옥 끌어안고 그제서야 여유가 생긴 듯 동물병원에 있는 동물들을 구경했다.

"이 고양이는 항상 너무 도도해 보여요. 병원 앞에 지날 때마다 보는데 늘 같은 자세에 표정 변화도 없고."

"고양이는 원래 성격이 차가운 편이야. 게다가 이 고양이는 나이가 많아서 잘 움직이지 않지. 움직임이 별로 없어서 더 그래 보일 거야."

한쪽에서 애리는 강아지를 보고 있었다.

"선생님, 얘는 왜 이렇게 힘이 없어요?"

애리가 구석에 엎드려 있는 누런 강아지를 가리키며 물었.

"갠 스트레스가 많아서 그래. 공장에서 키우던 개인데. 공장에서 나는 심한 소음 때문에 스트레스를 받아서 병이 난 거지."

"공장이라면 사람들도 있었을 텐데 왜 얘만 병이 나요?"

"공장에서 일하는 사람들은 저녁이면 퇴근을 해서 집으로 돌아갔지만 얘는 24시간, 매일매일 공장에 있었어. 공장 기계 소리

는 밤에도 쉬지 않고 들려왔고 말이야. 그리고 사람이 멀쩡하다고 해서 동물도 괜찮은 건 아니란다. 동물은 사람과 다른 능력을 지녀서 사람이 생각지 못한 일로 큰 피해를 겪기도 하지."

"사람이 생각지 못한 일이라고요? 그게 뭐예요?"

애리가 다시 물었다. 민주와 소희, 정아도 어느새 호기심이 발동해서 수의사 선생님 앞으로 모여 앉았다.

"너희, 고래가 떼로 자살했다는 얘기 들어봤니?"

"전에 해외 토픽에 나왔던 거 같아요."

"그거 미스터리한 일이라고 다들 궁금해 했던 거 아니에요?"

소희와 정아가 차례대로 말했다. 선생님은 고개를 끄덕이며 답했다.

"그래, 맞아. 그런데 그 일을 더 연구해 보니 그게 소음 공해 때문이었대."

"소음 공해가 고래를 죽게 했다고요? 대박!"

민주가 믿기 힘들다는 표정으로 말했다.

"민주 말대로 대박으로 놀랄만한 일이지. 고래는 초음파로 의사소통을 해. 초음파를 내서 반사되어 오는 소리를 통해 주변을 살피지. 그런데 여기에 문제가 생긴 거야. 바로 커다란 함선과 잠수함이 등장했기 때문이야."

"그게 왜요? 고래를 마구 괴롭히나요?"

"처음부터 의도한 건 아니었지만 함선이나 잠수함에서 나오는 기계음이 고래에겐 엄청난 스트레스가 된 거야. 그리고 고래가 내는 초음파가 함선에 닿아 비정상적으로 음파가 커지게 되면 고래는 그 소리에 엄청난 괴로움을 느끼지. 고래는 그 스트레스를 이기지 못하고 집단 자살까지 하는 거고."

"헉, 정말 사람이 생각지 못한 피해네요."

애리가 놀란 토끼 눈이 되어 말했다.

민주는 수의사 아저씨의 이야기를 듣고 있자니, 자신이 무심코 버린 비닐봉지를 먹을 것으로 알고 먹었다가 괴로워했던 봉구가 떠올라 몸서리가 쳐졌다. 그리고 더불어 기운 없이 엎드려 있는 누런 강아지가 더 측은하게 보였다.

"선생님, 저 강아지는 그럼 어떡해요?"

민주가 누런 강아지를 가리키며 물었다.

"스트레스 치료를 위해 정성껏 보살피고 있어. 하지만 소음 공해에 노출된 지가 워낙 오래라서 쉽게 치료되지는 않을 거야. 시간을 두고 살펴야지. 그리고 건강해지면 다시 좋은 주인을 만나게 해 줘야지. 그게 내 계획이란다."

"에휴, 인간이 만드는 환경 문제는 정말 한두 가지가 아닌 거 같아요."

애리가 말했다. 애리의 목소리는 화가 난 듯도 하고, 슬퍼하는 것 같기도 했다. 아이들과 선생님 모두 애리를 바라봤다.

"지구에선 7분에 한 종씩 생물이 멸종하고 있어. 한 시간이면 생명체가 8종이나 멸종하는 거야. 식물도 없어지고, 동물도 없어지고 있다고."

애리는 늘 주장하는 방식대로 위기에 빠진 환경의 문제점을 이야기했다. 소음 공해로 고통 받는 강아지를 직접 보아서인지 아이들은 애리의 말에 절로 고개가 끄덕여졌다. 수의사 선생님 역시 이런 분위기에 공감하고 있었는지 살짝 웃고는 또 다른 이야기를 시작했다.

"생물의 멸종을 이야기하니 너희에게 들려주고 싶은 이야기가 하나 생각나는구나. 바로 도도새 이야기야."

"도도새요? 어디서 많이 들어봤는데?"

"이름이 특이하지? 1500년대 인도의 모리셔스 섬에는 도도새라는 새가 살고 있었단다. 통통한 몸집에 청회색의 깃털을 가진 새였지. 사람이 이 새를 처음 보게 된 것은 포르투갈 사람들이 처음 이 섬을 발견하면서였어. 도도새 역시 그때 사람이란 존재를 처음 보았겠지. 하지만 도도새는 사람을 두려워하지 않았어.

사람이 가까이 가도 피하지 않고 유유자적 걸어 다녔지. 사람들은 그렇게 사람을 피하지 않는 도도새를 쉽게 잡아서 먹이로 삼았어. 그리고 잡혀갈지도 모르는데 도망치지 않는 이 새를 보고 '바보'라는 의미를 가진 도도라는 이름을 붙여 불렀지."

"아, 도도새의 의미가 바보였군요."

"그래, 사람들은 그렇게 그 새를 바보라고 놀리며 마구잡이로 잡기 시작했어. 모리셔스 섬에서 먼저 살기 시작한 것은 사람이 아닌 도도새였는데, 200년이 지나고 나서는 그 섬에 도도새가 단 한 마리도 남지 않았어."

"멸종한 거예요?"

애리가 안타까운 얼굴이 되어 물었다.

"응. 도도새는 그렇게 지구에서 사라졌어."

이야기를 듣는 아이들의 얼굴엔 안타까움이 가득했다.

"내가 이 이야기를 하는 것은 사람들이 도도새를 오해하곤 해서야. 사람들은 도도새가 새지만 날지도 못해서 죽었다고 말하곤 해. 스스로 강해지려는 노력을 하지 않아서 멸종되고 말았다고 말이야. 하지만 도도새는 인간이 섬에 오기 전까지 아무 문제 없이 살고 있었어. 도도새의 멸종을 부른 것은 인간이었지. 먹을거리가 필요한 인간에게 도도새는 좋은 사냥감이 되어 주었어.

그 정도에서 멈췄다면 도도새가 멸종되진 않았을 거야. 인간이 부린 욕심이 도도새를 멸종시킨 거지. 나는 동물을 치료하는 의사로서 사람이 동물에게 주는 피해에 반성했으면 해."

"정말, 그렇네요."

"이야기를 듣고 보니 도도새가 더 보고 싶어요. 옆에 있다면 쓰다듬어주고 싶은데."

정아와 소희의 목소리에는 미안함과 안타까움이 잔뜩 묻어 있었다.

그런 마음은 민주도 마찬가지였다. 사람들이 무심코 한 행동, 사람들이 욕심껏 한 행동이 동물과, 자연에게 얼마나 큰 고통을 주는지 알게 됐다. 그리고 그 대가로 우리가 멸종 동물을 그리워하는 슬픈 감정을 받게 된 것 같았다.

민주와 아이들은 찜찜한 마음을 안고 병원을 나섰다. 봉구 사건으로 동물 병원에 왔다가 환경에 대한 많은 생각거리를 갖게 되었다. 생각보다 우리의 사소한 행동들이 환경에 엄청나게 큰 영향을 미칠 수 있다는 생각에 조금 무섭기도 했다. 애리의 말이 다 사실이었단 말이야?

내 것이라고 다 좋은 게 아니없어

　　며칠 후, 민주네 가족은 여행을 떠나게 되었다. 민주가 지은 이번 여행의 제목은 '극과 극 여행'이었다. 그 이유는 하루는 최고급 리조트에서 묵고, 하루는 시골 할머니 집에서 묵을 예정이기 때문이다. 평소 할머니 집에 가는 걸 좋아하는 민주였지만 우리나라 최고급 리조트에 비하면 시골 할머니 집은 좀 초라하게 느껴졌다. 더구나 민주 가족이 묵을 리조트는 바로 얼마 전에 문을 열어서 최신식 시설을 자랑한다고 하니 최고급 리조트에서의 하룻밤이 더욱 기대되었다.

　　"민주야, 이거 봐봐. 수영장도 너무 멋지다!"

여행을 기대하는 건 민주만이 아니었다. 엄마도 아직까지 가본 적 없는 새로운 리조트에 대한 기대가 컸다. 그래서 컴퓨터로 리조트 홈페이지를 검색해서 미리 시설을 살펴보곤 했다.
　"대박! 엄마, 여기 너무 좋다."
　"나도 볼래."
　동생 문석이도 쪼르르 달려와서 얼굴을 쑤욱 들이밀었다.
　"엄마, 나는 여기에서 잘래."
　문석이는 커다란 침대를 손으로 가리켰다.
　"그래, 우리 문석이 여기에서 코 자."
　민주와 문석이 그리고 엄마 모두 여행에 대한 기대로 마음이 잔뜩 들떴다. 민주는 전날 밤 침대에 누워서도 가슴이 두근거려 잠이 오지 않았다.

　드디어 여행 가는 날이다. 어스름히 해가 떴을 무렵이었지만 엄마는 일찌감치 잠자리에서 일어났다. 고속도로가 막힐지 모르니 민주네 가족은 서둘러 출발하기로 한 것이다. 엄마는 떠나기 전에 빠진 짐은 없는지 한 번 더 살폈다. 그리고 차 안에서 마실 물과 간식도 간단하게 챙겼다.
　"봉구는 어제 이웃집에 맡겼고, 이제 준비가 다 된 것 같군."

엄마는 준비를 마치고 아빠, 민주, 문석이를 차례로 깨웠다. 평소에는 늦잠을 자곤 하던 민주와 문석이었지만 여행을 떠나야 한다는 말에 두말도 않고 일어나 앉았다.

민주는 세수를 하고 오늘 입기 위해 어젯밤 머리맡에 차곡차곡 놓아두었던 옷을 입었다. 문석이도 평소엔 하기 싫어하던 양치질과 세수도 척척 혼자 해냈다.

"자, 이제 나가 볼까?"

아빠가 커다란 가방을 들고 현관 앞에 서서 말했다.

"잠깐만!"

엄마가 아빠를 불러 세우고는 방으로 들어갔다. 책상 위에 있는 스탠드의 플러그를 뽑았다. 그리고 거실에 가서는 보일러 전원을 껐다.

"뭐하는 거야?"

"단 이틀이지만 괜히 전기 낭비하면 아깝잖아."

엄마는 주방으로 가서는 빈 밥통의 플러그와 전기 주전자 플러그까지 모두 뽑았다. 마지막으로 컴퓨터 플러그를 뽑는 것도 잊지 않았다.

"와, 엄마 대단하다. 민주 때문에 엄마가 바뀌었네."

민주는 아빠의 칭찬이 듣기 좋았다. 조금 환경에 마음을 썼을

뿐인데 이런 칭찬을 듣다니 민주의 기분은 하늘을 날 듯 했다.

"자, 곧 리조트에 도착합니다."
아빠가 운전기사 흉내를 내며 말했다.
"와아!"
민주와 문석이는 각각 창 쪽으로 몸을 돌렸다. 그렇게 기대했던 리조트를 어서 보고 싶었다. 리조트의 입구는 푸른 잔디로 되어 있어 눈을 시원하게 했다.
"여긴 온통 잔디밭이네. 축구하면 재밌겠다!"
문석이가 잔디밭을 보며 감탄했다.
"이건 골프장이야. 그래서 들어가서 뛰어 놀 수는 없어."
"에이, 이렇게 넓은데 뛰어 놀 수가 없다고요? 그럼 뭐 하러 만들었대."
문석이는 들어갈 수 없다는 아빠의 말에 크게 실망을 했다.
"여기 말고 다른 데 뛰어 놀 곳이 있을 거야. 그리고 수영장에 가서 놀아도 되고."
엄마가 나서서 문석이를 달래 주었다.
민주는 문석이가 실망하거나 말거나 최고급 리조트에 온 것이 그저 기분 좋았다. 멋진 침대와 소파가 있다는 방에 어서 들어가 보고 싶은 마음뿐이었다.

"우와, 사진으로 보던 것처럼 멋지다. 그치, 엄마?"
"응, 정말."
엄마는 리조트의 인테리어가 마음에 드는지 객실 곳곳의 모습을 카메라에 담았다. 민주도 엄마 뒤를 따라 다니며 포즈를 취하고 사진을 찍었다. 집에 돌아가면 친구들에게 자랑할 생각이었다. 그리고 곧 민주네 가족은 수영장으로 향했다.
최고 시설을 자랑한다는 수영장은 민주의 기대를 저버리지 않았다. 민주는 어디에서 먼저 놀아야할 지 고민을 할 정도였다.
"엄마, 뭐 먼저 하지? 미끄럼 탈까? 유수풀 갈까? 아님 색깔 온천 갈까?"
"하하, 민주야. 별 고민을 다하는구나."
엄마, 아빠는 민주를 보고 웃었다. 그 때 문석이가 민주의 고민을 날려버리듯 유아풀을 향해 달려갔다.
"문석아, 엄마랑 같이 가."
문석이와 엄마의 뒤를 따라 민주와 아빠도 유아풀로 향했다. 민주네 가족은 그렇게 한참 동안 물놀이를 즐겼다. 그런데 몇 시간이 지나자 문석이는 머리가 아프다고 했다.

"문석아, 많이 아파?"

"문석아, 언제부터 아팠어?"

아빠와 엄마가 문석이의 얼굴을 살피며 물었다. 문석이는 진작부터 머리가 아팠는데 놀고 싶은 마음에 아픈 것을 말하지 않고 있었나 보다.

"녀석, 노는 것도 좋지만 머리가 아프면 진작 말을 했어야지."

아빠가 문석이를 안아 올리더니 수영장에서 나왔다.

"아빠, 우리 이대로 나가?"

더 놀고 싶은 민주가 아쉬운 얼굴로 물었다.

"당신이 민주 데리고 더 놀다가 와. 난 문석이 옷 갈아입혀서 방에 가 있을게."

아빠의 말에 엄마는 민주의 얼굴을 보더니 알았다고 했다. 민주는 당장 수영장을 나가지 않게 된 것이 다행이었다. 민주는 엄마를 끌고 미끄럼을 타러 갔다. 엄마는 아래에서 기다리고 민주만 올라가서 신 나게 미끄럼을 타고 내려오기를 반복했다. 그런데 그렇게 몇 번을 타고 나니 민주도 더 이상 노는 것이 재미가 없었다.

"엄마, 문석이 괜찮을까?"

문석이 없이 노니까 뭔가 허전했다.

"걱정 마, 아빠랑 같이 있잖아."

엄마는 걱정하는 민주를 안심시켰다. 하지만 엄마의 얼굴도 처음처럼 신이 나 보이진 않았다.

"엄마, 나도 그만 놀래. 문석이한테 가자."

"그럼, 그럴까?"

엄마는 민주의 가자는 말을 기다리기라도 한 듯이 곧바로 일어섰다.

문석이는 잠이 들어 있었다. 수영장에서 노느라 힘도 들었고, 머리도 아파서 잠이 든 것 같았다. 하지만 자고 일어나서도 문석이의 몸 상태는 썩 좋지 않았다.

"엄마, 머리 아파."

"수영장 소독약 냄새 때문인가? 나도 머리가 아프긴 한데."

엄마가 문석이의 머리를 짚어 보며 걱정스러운 얼굴로 말했다. 평소에도 엄마는 소독세제로 화장실 대청소를 하고 나면 머리가 아프다고 하곤 했다.

"엄마, 나 여기 간지러워."

문석이는 목덜미를 긁으며 말했다. 문석이가 자면서 긁었는지 목덜미는 이미 빨개져 있었다.

"아이고, 아토피 돋았나 보네."

문석이는 심한 편은 아니었지만 몸에 무리가 오면 피부 가려움증이 생기곤 했다. 아토피 때문에 종종 병원에 갔었다.

"여기가 생긴 지 얼마 되지 않아서 그런가 봐."

"그런가?"

"왜, 그 새집 증후군처럼."

엄마와 아빠의 얼굴에 근심이 가득했다.

"새집 증후군? 엄마, 그게 뭔데?"

"새로 지은 집은 시멘트에서 나오는 독성분이나, 집을 지으며 사용된 화학 성분들 때문에 우리 몸에 해로움을 줄 수 있어. 그걸 새집 증후군이라고 하지."

"문석이의 몸이 수영장 소독약 냄새에 괴로움을 느끼고, 새 건물에서 나온 화학성분 때문에 힘들 수 있어."

엄마와 아빠가 차례로 민주의 물음에 답해 주었다. 민주는 멋있게만 보였던 리조트가 달리 느껴졌다.

"뭐야, 최고 좋은 리조트라더니 하나도 좋은 게 아니잖아."

민주네 가족은 다음날 아침 일찍 도망치듯 리조트를 나왔다.

할머니는 환경 운동가

"엄마, 할머니한테 전화했어?"

"그럼, 며칠 전부터 너희 기다리고 계신대."

"와, 나도 할머니, 할아버지 빨리 보고 싶다."

리조트에서는 힘이 없던 문석이가 시골집 가는 길에서는 기분이 좋아져서 소리쳤다. 할머니 집으로 가면서 맑고 상쾌한 공기를 잔뜩 마시니 몸 상태가 한결 나아진 것 같았다.

드디어 할머니 집 마을 입구에 다다랐다. 자동차는 꼬불꼬불한 길을 지나 마을 끝에 있는 할머니 집에 이르렀다. 할머니는 마당에 나와서 민주와 문석이를 맞았다.

"우리 강아지들, 어서 오거라."

문석이가 할머니 품으로 쏙 뛰어들었다. 민주는 할머니 허리를 끌어안았다.

"아이고, 그새 많이들 컸구나."

할머니는 민주와 문석이의 머리를 연신 쓰다듬어 주셨다.

"우리 민주랑 문석이 왔구나."

어디선가 할아버지 목소리가 들려왔다. 할아버지의 손에는 옥수수 한 자루가 들려있었다. 민주네 온다고 뒤뜰에 심어 둔 옥수수를 따 오셨다.

"할아버지, 안녕하세요."

"그래 그래, 어서 들어가자."

잠시 후, 할머니는 한껏 솜씨를 발휘한 밥상을 내 주셨다.

"어머니, 손맛은 여전하시네요. 전 도저히 못 쫓아가겠어요."

엄마가 입안 가득 나물을 넣고 맛을 보더니 말했다.

"맛이 있다니 좋구나. 많이 먹어라. 도시에선 이런 산나물이 귀할 거다."

"네, 귀하죠."

민주네 가족은 어른 아이 할 것없이 할머니의 나물과 된장국에 밥 한 그릇을 뚝딱 비웠다. 리조트에서 기운 없어 했던 문석이도 할머니의 밥을 먹고 힘이 나는지 밥을 더 달라고 했다.

"누나보다 더 크려나? 문석이가 밥을 잘 먹는구나. 허허."

할아버지의 말에 민주도 빈 밥그릇을 내밀었다.

"허허, 역시 누나가 다르구나."

할아버지는 잘 먹는 손주들이 보기 좋아서 연신 웃으셨다.

식사 후 엄마와 아빠는 할아버지를 따라 밭에 가셨다. 집에 남은 민주는 할머니를 도와 설거지를 하기로 했다. 민주는 수세미를 들고 나섰다. 그런데 세제가 보이지 않았다.

"할머니, 주방 세제 어디 있어요?"

"아, 세제?"

할머니는 민주에게 하얀 물을 가져다 주었다.

"엥? 이게 세제예요?"

"응, 그게 우리 집 세제란다. 쌀뜨물이지."

"쌀뜨물이요?"

"쌀 씻으면 하얗게 물이 나오잖아. 바로 그거야."

"그걸로 설거지를 해요?"

"응, 쌀뜨물이면 충분하지. 그릇이 잘 씻기거든. 그뿐이 아니

란다. 할머니는 그걸로 세수도 하는 걸?"

"헉! 세수를 하신다고요?"

"쌀뜨물로 하면 피부가 좋아지거든. 한번 만져 봐."

민주는 할머니의 얼굴을 만져 보았다. 정말 부드러웠다.

"어떠냐, 할머니 피부 관리 잘했지?"

할머니의 말에 민주는 고개를 끄덕이며 웃었다.

민주는 쌀뜨물로 난생 처음 설거지를 해 보았다. 할머니 말대로 그릇이 깨끗하게 씻겼다. 민주 옆에서 할머니는 더러워진 싱크대를 닦았다. 할머니가 병에 담긴 것을 싱크대에 부었다.

"할머니, 그건 뭐예요?"

"하하, 이건 할머니의 묘약이지. 이걸로 싱크대를 닦으면 아주 깨끗해지거든."

"묘약이요?"

민주는 눈을 크게 뜨고 할머니 손에 들린 것을 바라보았다.

"할아버지가 마시고 남긴 술이란다. 그걸 잘 두었다가 싱크대 닦을 때 쓰면 아주 좋지."

민주는 할머니의 방식이 참으로 신기했다. 뭐든 세제로 닦아야 한다고 생각했는데 할머니는 세제 없이도 척척 해내고 있었다.

오후에는 민주네 가족 모두 냇가로 놀러나갔다. 맑은 물속으로 물고기들이 훤히 들여다보였다.

　　"아빠, 물고기 잡자."

　　문석이의 목소리는 다시 의욕에 넘쳤다. 시골집에 오고, 할머니가 주신 음식을 먹더니 아픈 것이 다 낫기라도 한 듯이 문석이는 활기를 되찾았다.

　　"문석아, 이제 아프지 않아?"

　　"응."

　　"엄마! 문석이한테는 여기가 병원인가 봐요. 아픈 곳이 다 나았으니까."

　　민주의 말에 엄마, 아빠가 웃음을 터뜨렸다.

　　"하하, 정말 그렇구나. 우리 문석이, 여기서 할아버지, 할머니랑 같이 살래?"

　　엄마의 장난기 어린 말에 열심히 냇가를 뛰어다니던 문석이가 고개를 절래절래 저었다.

　　"싫어! 엄마, 아빠랑 같이 살 거야."

　　잔뜩 서운한 표정을 짓는 문석이를 보며 민주와 엄마, 아빠 모두 깔깔대고 웃었다.

낮 동안 무척이나 뜨겁던 해는 저녁 무렵이 되자 금세 사라지고 없었다.

"이제 저녁 바람이 꽤 시원하네요."

바람을 느끼기라도 하듯이 아빠가 양팔을 쫙 펴며 마루에 누웠다. 아빠가 눕는 것을 보고 할머니는 베개 하나를 꺼내오셨다.

"아, 이거 어릴 때 베던 베개인데요?"

머리가 닿자 베개에서는 사각 소리가 났고, 아빠는 어릴 적 베개를 벨 때마다 들었던 소리라는 걸 단박에 알았다.

"하하, 메밀 껍질로 만든 베개지."

아빠가 어릴 적 이야기를 꺼내자 할머니도 옛날 생각이 나는 듯한 표정이었다. 아빠는 벌떡 일어나 앉아서 베개를 다시 한번 만져 보았다. 그 모습을 보고 민주와 문석이도 베개를 눌러서 사각이는 소리를 들었다.

"이게 메밀 껍질이라고요?"

민주가 할머니에게 물었다.

"그래, 메밀 껍질로 베갯속을 넣으면 공기가 잘 통해서 머리를 맑게 해 주지. 아빠 머리 좋아지라고 할머니가 어릴 때 만들어 줬었지."

"그래요? 그럼 저도 이 베개 하나 만들어 주세요, 할머니."

"저도요!"

민주의 말에 문석이도 따라서 부탁을 했다.

"좋지. 만들어 주마."

손주들의 부탁에 할머니는 신이 나서 그러겠다고 했다.

"요즘 좋은 것도 많은데 뭐하러 그래. 난 계속 기억력만 나빠지는데 뭘."

"그건 당신 머리가 원래 나빴던 거고요."

할머니의 말에 아이들도 엄마, 아빠도 모두 웃었다. 할아버지는 이대로 지지 않겠다는 듯 다시 말했다.

"네 할머니는 그저 버리는 게 아까워서 그러시는 거야. 얼마나 짠지."

"내가 뭘 어쨌다고요?"

"늘 궁상스럽게 버려도 될 것을 끼고 있지. 전에는 기름을 가지고 비누를 만들겠다고 난리더라고."

할아버지는 할머니 흉을 보듯이 말했다.

"요즘 사람들은 그걸 뭐라는 지 알아요? 친환경적이라고 말해요. 환경에 좋은 행동이란 뜻이라고요. 그러니까 나한테 구두쇠라고 하지 말고 환경 운동가라고 해 달라고요."

"아무튼 말로는 내가 당신을 이길 수 없다니까."

할아버지가 할머니에게 항복을 했다. 그 모습에 민주와 문석이는 다시 한번 웃음을 터뜨렸다. 할머니, 할아버지도 아이들처럼 싸운다는 것이 재미있었다.

한편 민주는 할머니가 말한 친환경이라는 말이 마음에 깊이 남았다. 부엌에서 설거지를 할 때도, 밥을 먹을 때도, 메밀 껍질 베개를 벨 때도 민주는 편안함을 느꼈다. 최신식 리조트에서 느꼈던 편안함과는 뭔가 달랐다. 더구나 시골집에 오자 몸이 좋아진 동생 문석이를 보면서 더욱 느끼는 것이 많았다.
'이게 우리에게 좋은 환경이구나.'
민주는 전에는 생각하지도 못했던 것들을 뜻밖의 기회에 깨닫게 된 것이 신기했다. 민주는 애리를 여기에 데리고 오면 어떤 반응을 보일지도 궁금해졌다.
'애리와 함께 오면 더 잔소리가 심해지려나? 히히.'
민주는 어서 집에 가서 친구들에게 이 재미있는 이야기들을 들려주고 싶었다. 금세 잠이 든 문석이 옆에서 민주도 잠시 뒤척이다 스르르 잠이 들었다.

당신은 100번째 주인공

"민주야, 여행은 재미있었어?"

월요일 아침, 학교 가는 길에 민주는 정아를 만났다.

"응, 재밌었어. 할머니 집 앞 냇가에서 물고기도 잡고 맛있는 것도 먹고 신 났지."

"리조트는?"

"뭐, 거긴 그냥 그랬어. 화려하긴 했지."

"뭐야, 너 거기 잔뜩 기대했잖아."

"그러게 나도 그럴지 몰랐지. 근데 그냥 시골에서 뛰어 노는 게 사람에겐 더 편한 거 같더라고."

"우와, 무슨 철학자 같은 말이다. 아니다, 이건 애리가 하던 말인 거 같은데? 너, 애리한테 물든 거냐?"

정아가 장난스런 얼굴로 물었다. 그 모습에 민주는 그저 웃어 보였다. 아니라고 말할 이유가 없어졌기 때문이다.

그 날 오후, 민주는 봉구를 데리고 집을 나섰다. 동물 병원에 가기 위해서였다.

"안녕하세요, 봉구 사상충 약 먹이러 왔어요."

"그래, 어디 보자."

수의사 선생님은 민주에게서 봉구를 받아 품에 안았다. 봉구는 병원이라는 것을 알고 낑낑거렸지만 수의사 선생님의 능숙한 손놀림에 꼼짝하지 못했다.

"이런 발톱도 많이 자랐구나. 미용 선생님께 좀 다듬어 달라고 하자."

수의사 선생님은 봉구를 안고 안으로 들어가셨다. 그 사이 민주는 전에 와서 보았던 누런 강아지를 살펴보았다.

"잘 있었니?"

누런 강아지는 민주에게 눈길을 한 번 주고는 다시 눈을 감아 버렸다. 여전히 기운 없는 모습이었다.

"너도 우리 할머니 집에서 살면 아픈 것 금방 나을 텐데……."

민주는 자연과 어우러진 할머니 집을 떠올리며 말했다. 문석이도 아픈 것이 나았으니까.

"누렁이랑 무슨 이야기 하고 있니?"

수의사 선생님이 봉구를 맡기고 나오며 물었다.

"아, 얘 이름이 누렁이에요?"

"응, 누렁이."

"히히, 털이 누런색이라서 누렁이구나? 얘한테 딱이에요!"

이번에도 수의사 선생님은 민주에게 음료와 군것질 거리를 내 주셨다. 그리고 손수건을 꺼내서 땀을 닦았다. 선생님의 손수건은 강아지가 그려져 귀여웠다.

"선생님은 손수건도 강아지 그림이네요. 히히."

"내 직업이 수의사라서 그런지 자꾸 이런 게 좋아서."

"그러고 보니 선생님은 늘 손수건을 쓰시는 거 같아요. 우리 할머니랑 할아버지도 그러시는데."

민주는 시골집에서 할머니와 할아버지가 손수건을 목을 걸고 연신 땀을 닦았던 것이 떠올라 말했다.

"그래? 할머니, 할아버지가 친환경적이시구나."

"친환경적이라고요?"

민주는 할머니가 친환경이란 말을 했던 것이 떠올라 물었다. 그 말을 이곳에서 또 들을 줄 몰랐다.

"휴지로 땀을 닦고 버리는 것보다 손수건을 쓰면 환경에 좋잖아. 쓰레기도 줄이고, 나무도 보호하고. 그래서 할머니와 할아버지가 친환경적이라는 거야."

"아!"

민주는 그제야 손수건을 쓰는 것이 친환경적이라는 말의 뜻이 이해가 되었다.

"그런데 손수건 하나 쓴다고 환경에 도움이 될까요?"

민주는 마음속에 품었던 궁금증을 꺼내 놓았다. 환경에 도움이 되고 싶다는 생각은 진작 했지만 민주는 방법이 잘 떠오르지 않았다. 전등 끄기는 해 봤지만 그 정도로 망가진 환경을 다 고칠 수 있을 것 같지 않았다. 민주가 텔레비전이나 인터넷에서 보았던 환경 문제는 전등불 끄기로 해결될 것 같지 않을 정도로 큰 문제였기 때문이다.

수의사 선생님은 이런 민주의 고민을 이해한다며 다시 한 가지 이야기를 들려주었다.

"일본에서 있었던 일이란다. 동물학자들이 큐슈 지방에 무리를 지어 생활하는 원숭이들의 먹이 습성을 관찰해 보았단다. 원숭이들은 처음에는 흙이 묻은 고구마를 그대로 먹었지. 그런데 어느 날 한 마리의 원숭이가 고구마를 씻어 먹었어. 그러자 그 모습을 다른 원숭이 한 마리가 유심히 보았단다."

원숭이가 고구마를 씻어 먹었다고? 민주는 정말 신기하다는 생각이 들었다.

"그 원숭이는 다음 날 자기도 고구마를 씻어서 먹었어. 고구마 씻어 먹기를 따라한 거지. 그러자 다음 날은 다른 원숭이가 또 따라서 고구마를 씻어 먹었어."

"금방 모든 원숭이가 고구마를 씻어 먹었나요?"

"아니, 그렇진 않아. 고구마 씻어 먹기는 천천히 번져 갔지. 그런데 곧 놀라운 일이 일어났단다. 고구마를 씻어 먹는 100번째 원숭이가 생기고 나자 고구마 씻어 먹기는 이전보다 빠르게 번져갔어. 그 후 그 섬뿐 아니라 다른 지역의 원숭이들까지 고구마를 씻어 먹는 방법을 익히게 되었지."

"와, 신기하다. 진짜요?"

민주는 수의사 선생님의 이야기가 꾸며진 것처럼 신기했다.

"진짜고 말고. 사람도 마찬가지야. 처음에는 잘 따라하지 않다가도 많은 사람들이 그 행동을 하면 나중에는 저항하지 않고

따라하곤 해. 환경 문제도 마찬가지란다. 처음에는 이 정도로 변할까 싶은 마음이 들 거야. 하지만 내가 시작을 하면 언젠가는 많은 사람이 실천을 하게 될 테고, 그러면 결국 대부분의 사람들이 함께 하게 되지."

민주는 수의사 선생님이 왜 원숭이 이야기를 했는지 이해가 되었다.

"제가 이제부터 휴지 대신 손수건을 쓰면 결국에는 많은 사람들이 손수건을 쓰게 될 거란 말씀이죠?"

"우와, 민주 똑똑한 걸."

"제가 손수건을 쓰면 제 친구들도 그렇게 할 거고, 우리 가족도, 친구들의 가족도 그렇게 되는 거죠?"

"와아아, 정말 정말 똑똑해!"

선생님은 박수까지 치면서 민주를 칭찬했다. 민주는 선생님의 칭찬에 기분이 좋아졌다. 그리고 마음속에 있었던 궁금증도 풀렸다. 그리고 보니 예전 전등불 끄기를 했을 때도 민주는 금세 포기해 버렸지만 이후 문석이가 조금씩 전등불을 끄기 시작했고, 엄마가 전기 아끼기에 나섰다.

"이제부터 진짜로 실천해 볼래요. 환경을 보호하는 방법을 확실히 알게 되었어요."

민주는 예전 애리처럼 결의에 찬 목소리로 말했다.

"그래, 민주 같은 어린이들이 할 수 있는 일이 아주 많단다. 그걸 실천하면 아픈 지구를 고쳐줄 수 있지."

"좋아요. 이젠 제가 지구 의사할래요."

"지구 의사? 멋지구나. 아마 민주가 최연소 지구 의사일거야."

선생님의 말에 민주의 자부심과 자신감은 한껏 높아졌다.

민주는 집으로 돌아오는 길에서부터 벌써 자신이 할 수 있는 일을 고민하기 시작했다.

"전등불 끄기부터 다시 시작해야겠어. 아, 정아가 한다던 수돗물 아끼기도 해야지. 그리고 할머니한테 배운 천연 세제도 써 보고, 소희처럼 천연 비누도 쓸 거야. 그리고 또 뭐가 있을까?"

민주는 갑자기 마음이 급해졌다. 그런데 마음이 급해지니 점점 불안함도 생기고 걱정도 싹트기 시작했다. 민주는 이렇게 급하게 했다가는 아무것도 못할 수 있겠다는 생각이 들었다.

"아냐, 일단 진정하고. 머릿속이 뒤죽박죽 돼 버렸네. 이러다 한 개도 못하겠어. 계획을 세워야지."

민주는 자신이 할 수 있는 환경 활동이 무엇일지 책과 인터넷으로 찾아보았다. 그리고 그 중에서 가장 쉬워 보이는 것을 먼저 실천하기로 했다.

"그래, 이거라면 쉽게 할 수 있겠어!"

민주가 고른 것은 '음식 남기지 않기'였다. 음식물 쓰레기를 줄이는 것은 환경적으로도, 경제적으로도 좋은 일이라고 나와 있었다. 그리고 먹성 좋은 민주가 실천하기에도 더할 나위 없이 좋았다.

"히히, 하나도 어렵지 않네. 그 동안 몰라서 못했던 것뿐이었어. 더 알아봐야지!"

민주는 지구를 위한 실천 방법을 공책에 하나씩 적어나갔다. 그리고 그 중 하나씩을 실천해 보기로 했다. 습관 하나가 몸에 완전히 익을 때까지 해 보고, 다음 습관으로 넘어가기로 결심했다. 민주는 스스로에게 기운을 불어넣었다.

"그럼 오늘부터 잘해 보자! 하다보면 누군가 나를 따라하겠지? 히힛!"

우리 모두
최연소 지구 의사가
되어 보아요!

 어린이라고 해서 지구를 살릴 수 없는 것은 아니랍니다. 어린이도 엄연히 지구에 살고 있는 존재이기 때문에 지구에 많은 영향을 미칠 수 있지요. 내가 하는 행동 하나하나가 지구에 나쁜 영향을 미칠 수 있고, 좋은 영향을 줄 수도 있어요. 이 책의 주인공인 민주도 이런 생각으로 자신이 실천할 수 있는 방법을 찾은 것이지요.

 그럼 민주가 찾은 지구를 살리는 방법은 무엇이었을까요? 그 방법을 우리도 알아보고, 함께 실천해 볼까요?

에너지와 자원 절약으로 지구를 치료해요

민주가 처음 시작한 전등 끄기는 대표적인 에너지 절약 활동이에요. 전기 에너지는 발전소에서 만들어지는데, 발전소에는 화력 발전소와 원자력 발전소, 수력 발전소, 풍력 발전소 등이 있지요. 그중 가장 많은 전기를 만들어내는 곳이 화력 발전소인데요. 화력 발전소에서는 석탄과 석유 같은 화석 연료를 이용해서 열에너지를 전기에너지로 바꾸는 과정 때문에 이산화탄소가 많이 생겨나요. 이산화탄소는 공기 오염을 일으키는 주요 원인이지요. 따라서 에너지를 아끼는 것은 환경 보호에 매우 중요해요.

또 물자와 물 등 자원을 아끼는 것도 지구 환경 보호에 큰일을 하는 거예요. 지구에는 한정된 자원이 있는데 마구 쓰다 보면 다음 세대 사람들은 자원 부족에 시달릴 거예요. 그리고 부족한 자원을 얻기 위해 지구를 파헤치다 보면 지구 환경이 파괴되기 때문에 자원을 아끼는 것은 곧 지구 보호하는 일이 된답니다.

1. 냉장고 문 자주 열지 않기

냉장고 문을 자주 열면 전기 소모량이 많아져요. 냉장고는 항상 차가운 온도를 유지해야 하기 때문에, 문을 열어서 냉장고 안의 온도가 올라가게 되면 더 많은 전력을 들여서 온도를 내리지요. 위에서 설명한 전기를 만들 때 이산화탄소가 발생한다는 것, 잊지 않았죠?

2. 내복을 입기

내복을 입으면 겨울에 난방비를 아낄 수 있어요. 곧 자원을 절약하고 이산화탄소 배출을 줄이지요.

3. 샤워는 쓸데없이 길게 하지 않기

샤워를 오래 하는 건 물 낭비에, 자원 낭비랍니다. 물을 따뜻하게 데우려면 연료가 쓰이기 때문이지요.

4. 전기 플러그 빼기

전기 낭비를 줄이기 위해서는 꼭 플러그 빼기를 실천해야 해요. 휴대전화를 충전할 때 실제 충전에 쓰이는 전기량보다, 그냥 플러그가 꽂혀 있어서 흘러버리는 전기가 더 많다고 해요.

5. 충전 건전지 사용하기

일회용 건전지보다 충전 건전지를 사용하는 것이 환경에 좋

아요. 일회용 건전지를 만드는데 쓰인 중금속이 지구를 더럽히기 때문이지요.

🌸 친환경적인 생활로 지구를 지켜요

'신토불이(身土不二)'라는 말이 있어요. 사람 몸과 땅은 둘이 아니라는 뜻으로 사람과 자연이 어우러져야 함을 뜻하지요. 지구 환경을 자연 그대로 존중하면 지구가 아파하지 않아요. 사람 몸에도 무리가 가지 않고 건강해지고요. 우리 생활에는 나도 모르게 화학 물질이 많이 쓰이고 있는데요. 조금씩 줄여 보자고요.

1. 천연 세제 이용하기

화학 성분 세제로 옷을 빨면 그 성분이 옷에 남아 피부에 해로워요. 그리고 합성 세제 거품은 물을 오염시키지요. 옷에 얼룩이 있을 때는 무로 문질러 닦으면 얼룩을 없앨 수 있어요. 민주네 할머니처럼 쌀뜨물로 설거지를 한다든지 천연 세제를 이용해 보세요. 천연 화장품, 천연 치약 등 화학 성분을 뺀 생활 용품이 많이 있답니다.

2. 제철 과일과 채소 먹기

겨울에도 싱싱한 딸기를 먹을 수 있어서 좋은가요? 딸기는 원래 초여름에 먹을 수 있었지요. 겨울에 딸기를 키우려면 여름처럼 난방을 해야 해서 이산화탄소 발생을 늘리고, 화석 연료의 사용도 늘어서 환경을 망치게 되지요. 제철에 나오는 과일과 채소를 즐겨먹으면 몸에도, 지구 환경에도 좋답니다.

3. 자전거 타기

자전거 타기는 재미있어요. 그런데 자전거를 타고 이동하는 습관을 들이면 지구 환경에 도움이 된답니다. 자전거는 연료가 필요하지 않기 때문에 환경에 나쁜 영향을 미치지 않을 뿐 아니라 운동이 되어서 우리의 건강에 도움을 주지요.

4. 화초 가꾸기

집에서 화초를 가꾸면 습도 조절에 도움이 되요. 아레카야자나 고무나무의 경우 공기 정화 기능도 하지요. 이렇게 화초를 가꾸면 가습기 또는 공기청정기 같은 가전제품이나 화학약품을 쓰지 않을 수 있어요.

🍀 쓰레기를 줄여서 지구를 지켜요

지구가 쓰레기로 몸살을 앓고 있다고 해요. 산과 들, 바다에 버려진 쓰레기가 분해되는 데는 아주 오랜 시간이 필요하기 때문이에요. 알루미늄 캔과 스티로폼이 분해되는 데는 500년 이상이 걸리고, 칫솔과 일회용 기저귀는 100년 이상이 필요해요. 플라스틱은 50~80년 이상이 필요하고 종이컵과 나무젓가락은 20년 이상이 걸리지요. 이렇게 심각한 쓰레기 문제를 해결하기 위해서는 먼저 쓰레기를 줄이는 방법을 고민해야 해요. 그리고 그 다음으로는 생겨난 쓰레기를 잘 처리해야겠지요.

1. 일회용품 사용을 줄이기

종이컵을 사용하기 보다는 개인 컵을 가지고 다니며 사용할 수 있도록 해요. 손수건 사용으로 휴지 사용을 줄이는 것처럼 말이에요.

2. 장바구니 사용하기

마트에 갈 때 꼭 장바구니를 챙겨 가도록 해요. 비닐 봉지 역시 지구를 더럽히는 주요 오염물질이므로 사용을 줄이는 것이

필요해요.

3. 쓰레기를 아무 데나 버리지 않기

쓰레기를 쓰레기통에 버리는 것은 주변을 깨끗하게 하는 것은 물론 환경 보호에도 중요하답니다. 그래야 쓰레기 처리를 바르게 할 수 있으니까요.

4. 음식물 쓰레기를 줄이기

버려진 음식물은 우리나라 전체 쓰레기의 28%를 차지할 정도로 많아요. 버려진 음식물은 땅과 하천 모두를 더럽히지요. 이후 처리 비용도 많이 들어가고요. 음식은 먹을 만큼만 덜어 먹어서 음식물 쓰레기가 되지 않도록 조심해요.

5. 쓰레기를 재활용하기

플라스틱과 종이, 철, 유리 등 쓰레기 분리수거를 철저히 하면 쓰레기를 잘 활용할 수 있어요. 또 더 이상 쓸모없어진 물건은 자신에겐 쓰레기일 수 밖에 없는데, 이럴 때 그냥 버리지 말고 재활용 방법을 찾아보세요. 다른 사람에게는 유용한 물건이 될 수도 있거든요. 아나바다 장터에 내놓아도 좋지요.

🌳 동식물 보호로 지구를 지켜요

지구에는 사람만 사는 건 아니지요. 수많은 식물과 동물이 함께 살고 있어요. 이들과 더불어 살 때 사람도 건강하게 살 수 있어요. 생태계 파괴는 모든 생명체를 위협하기 때문이지요.

1. 재생 종이 이용하기

종이를 아끼는 것은 나무를 보호하는 일이 되지요. 공책을 아껴 쓰고, 복사한 종이 뒷면을 연습장으로 쓰는 것이 좋은 방법이에요. 그리고 재생 종이로 만든 공책을 이용하는 것도 좋고요.

2. 나무 심기

자주 할 수는 없겠지만 기회가 된다면 주위에 나무를 심어보세요. 환경을 푸르게 만드는 시작이 될 거예요.

3. 동물 학대하지 않기

동물을 우리와 함께 사는 존재로 인정한다면 동물을 학대할 일은 없겠지요. 그런 마음을 가져야 동물의 멸종도 막을 수 있어요. 멸종 동물이 많아지면, 생태계에 큰 위험이 닥칠 거예요.

(**재미와 감동으로 몸과 마음을 건강하게 성장시키는
팜파스 어린이 동화**)

팜파스어린이 01
다문화 친구 민이가 뿔났다
함께해서 더 즐거워지는 다문화 친구 이야기
한화주 지음 | 안경희 그림

"피부색이 달라도 우린 소중한 친구야!"
이제는 익숙해진 다문화 가정 이야기,
다문화 가정 2세가 학교 갈 나이가 되었다!

팜파스어린이 02
누가 내 방 좀 치워 줘!
**집중력과 선택 능력, 실행력을 길러 주는
놀라운 스스로 정리의 힘!**
장보람 지음 | 안경희 그림

"지금 정리해 놓으면
내일이 더 재미있고 즐거워져!!"
가방 정리부터 시작해 공책, 방, 교실까지!
무궁무진하게 확장되는 정리비법 대 공개!!

팜파스어린이 03
생각도둑, 시간도둑, 친구도둑, 공부도둑
스마트 폰이 먹어 치운 하루!
**스마트폰을 슬기롭게 사용하도록
이끌어 주는 생각 동화**
서영선 지음 | 박연옥 그림

"심심하면 톡톡, 지루하면 터치!!
하루 온종일 스마트폰!!"
이제는 스마트폰 터치 말고
내 옆 친구의 눈을 보고 이야기해 보아요!!

팜파스어린이 04
말과 글에도 주인이 있어요!
**더불어 살고, 존중하는 사회를 만드는
아이로 성장시키는 놀라운 저작권 교육의 힘!**
장보람 지음 | 최해영 그림

"뜻도, 말도 어려운 저작권!
근데 저작권이 왜 중요해?!"
우리 생활 곳곳에서 일어나는
어마어마한 저작권의 힘!

팜파스어린이 05
우씨! 욱하고 화나는 걸 어떡해!!
**아이의 분노 조절과 자기 관리,
사회성을 길러 주는 놀라운 감정 표현의 힘!**
한현주 지음 | 최해영 그림

"오늘도 나는 불끈 화가 난다!!"
'화'란 껍질 속에 꽁꽁 숨어 있는
너의 진짜 마음을 보자!!

재미와 감동으로 몸과 마음을 건강하게 성장시키는
팜파스 어린이 동화

팜파스어린이 06
나 남자 친구 사귀어도 돼?
이해, 존중과 배려를 배우는
어린이 이성 친구 이야기!

한예찬 지음 | 양아연 그림

"두근두근,
콩닥콩닥 뛰는 이 마음은 뭘까?"
존중과 배려, 자기관리 능력을 일깨워 주는
초등 이성 친구 가이드라인!

팜파스어린이 07
내 보물 1호는 화장품
화장하면 왜 안 돼?
아이답게 예뻐지는 법을 배우는 동화

김경선 지음 | 안경희 그림

"화장하면 금세 예뻐질 수 있는데
왜 안 된다고 해?"
이성과 외모에 부쩍 관심이 많아지는 사춘기,
화장을 안 해도 예뻐질 수 있어!

팜파스어린이 08
엄마는 정말 내 말을 안 들어줘!
부모님과 갈등으로 힘겨운 어린이들을 위한
소통과 사랑 이야기!

한화주 지음 | 최해영 그림

"엄마랑 말하기 싫어! vs
엄마 마음도 좀 봐 줄래?"
엄마, 아빠랑 자꾸 싸우게 되는
우리만의 남다른 이유!

팜파스어린이 09
엄마는 언니만 좋아해!
얄미운 언니가 없었으면 좋겠어!
까칠한 자매의 따뜻한 소통 이야기

박현숙 지음 | 최해영 그림

"달라도 너무 다른 자매,
다르지만 또 닮은 우리!"
눈만 마주치면 싸우는 형제자매에게
꼭 필요한 소통의 이야기

팜파스어린이 10
커플은 힘들어
연애가 하고 싶은,
연애가 서툰 아이들의 진짜 연애 이야기!

김경선 지음 | 김주리 그림

"엄마는 모르는
우리 아이들의 연애 이야기!"
설레고 기분이 좋아지는 이성 교제 이야기

재미와 감동으로 몸과 마음을 건강하게 성장시키는
팜파스 어린이 동화

팜파스어린이 11
내 용돈, 다 어디 갔어?
마른 하늘에 빚쟁이 벼락!
용돈 관리로 빚쟁이에서 탈출하는 성민이의 이야기
박현숙 지음 | 최해영 그림

"사고 싶은 거, 먹고 싶은 게 이렇게 많은데!
용돈 다 어디 갔지?"
용돈 관리로 배우는 뚜렷한 경제 관념!

팜파스어린이 12
날씬해지고 말거야!
어린이의 튼튼한 자존감과 긍정적 자아상을 위한
다이어트 심리동화
최형미 지음 | 안희경 그림

"그게 아니? 건강한 지금의 모습이
정말 예쁘다는 게!"
살 빼고 싶어서 안달한 초등생들의
마음 빈자리를 살펴보고, 튼튼하게 채워주는
심리동화책

팜파스어린이 13
말과 글이 친구를 아프게 해요
상대를 배려하는
올바른 언어습관을 알려 주는 생활동화
박서진 지음 | 김지현 그림

"장난으로 한 말인데 왜 그러세요?"
아이들의 잘못된 언어습관을 일깨워 주고, 말과
글의 중요성과 소중함을 알려주는 동화

팜파스어린이 14
나랑만 친구해!
못된 관계 욕구를 풀고
두루두루 좋은 관계를 맺는 어린이 친구 심리!
한현주 지음 | 김주리 그림

"내 친구는 내가 지킨다!"
어린이의 건강한 관계 맺기를 알려 주는
생생한 친구 이야기!

팜파스어린이 15
나쁜 버릇, 내일부터 고칠게요
고만 놈이 되기 싫은 천방지축 바람이의
나쁜 버릇 고치기 대작전!
박현숙 지음 | 최해영 그림

"하던 대로 하는 게 뭐 어때서?"
아이가 가진 나쁜 버릇과 습관이 왜 안 좋은지
알려 주고, 좋은 습관을 위한 노력을 알려 주는
생활동화